Contar leones

Retratos de animales en libertad

Para mi querida esposa, Lisa, y mis preciosos hijos,
Emily, Evie y Archie
S. W.

Para Gus
K. C.

Texto © Frances Lincoln Children's Books 2015
Ilustraciones © Stephen Walton 2015
Prólogo © Virginia McKenna 2015
Fotografía de Virginia McKenna © Andy Gotts 2012

Publicado por primera vez en el Reino Unido en 2015 por Frances Lincoln Children's Books,
74-77 White Lion Street, Londres N1 9PF, Reino Unido
www.franceslincoln.com

Ilustraciones a carboncillo
Un encargo de Rachel Williams • Un diseño de Andrew Watson

De esta edición © Editorial Flamboyant S. L., 2016
www.editorialflamboyant.com

Traducción © Carlos Mayor, 2016
Corrección de textos: Raúl Alonso Alemany
Primera edición: septiembre de 2016
Primera reimpresión: noviembre de 2021
ISBN: 978-84-944009-7-1

Reservados todos los derechos
Impreso en Portugal

Con el apoyo del Departamento de Cultura:

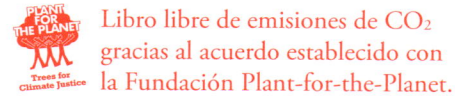

Libro libre de emisiones de CO_2
gracias al acuerdo establecido con
la Fundación Plant-for-the-Planet.

Contar leones

Retratos de animales en libertad

Texto de
Katie Cotton

Ilustraciones de
Stephen Walton

Traducción de
Carlos Mayor

Prólogo
Virginia McKenna

Fotografía © Andy Gotts 2012

Cuando vemos una imagen de un animal, ya sea una fotografía, un cuadro o, como en este maravilloso libro, una ilustración, las palabras se antojan innecesarias. Tenemos ante los ojos la forma singular y la belleza de esa criatura, así como, a menudo, el entorno natural en el que vive, y las palabras añaden poco más a la admiración que nos invade. Pero este libro es distinto. No solo nos muestra un león, elefantes, cebras y tortugas, sino que también nos pide que los contemos.

En *Contar leones*, los niños empezarán por el uno y acabarán por el diez. Si fuera cierto que solo existen, realmente, cinco elefantes o cuatro tigres, el mundo se daría cuenta de que el final de estas especies está cerca. Ese terrible momento no ha llegado… todavía. Sin embargo, nadie puede hacer oídos sordos al hecho de que cada vez son más las especies de animales en libertad que viven esa crisis numérica. En 1900, había diez millones de elefantes africanos. En 2014, quedaban 434 000, una cifra que se reduce cada semana. Hace poco más de cien años había unos cien mil tigres. En 2014, quedaban menos de cuatro mil.

¿Y por qué estamos matando a esas criaturas extraordinarias, de cuyos hábitos y conductas dependen las selvas, las llanuras y los pantanos que hacen que el mundo sea tan hermoso? Hay quien quiere capturar aves, reptiles y primates salvajes, y tenerlos en cautividad para venderlos como animales domésticos. A otros les gusta matarlos como deporte: cazan en busca de trofeos. Y una cantidad cada vez mayor de gente desea tener una parte de esas criaturas: un trocito de marfil del colmillo de un elefante, un cuerno de rinoceronte o la piel y los huesos de un tigre. El precio de esos pedazos de animal es astronómico. Pero el precio que paga el animal es la vida.

El crecimiento de las poblaciones humanas comporta la reducción de los hábitats naturales, ya que las vacas, las cabras y las ovejas necesitan cada vez más tierra para pastar, y la gente, más espacio para cultivar alimentos y construir casas, pero sigue habiendo zonas remotas en las que los animales aún viven en libertad en plena naturaleza (aunque, por desgracia, es cierto que en muchas de ellas son necesarios guardas forestales que las protejan a todas horas). He tenido la enorme fortuna de poder viajar a varios países africanos y he visto a algunas de estas criaturas en su entorno natural. He oído el rugido de los leones y la llamada de los pájaros; he visto a los elefantes avanzar en silencio por las planicies y a los búfalos desaparecer en una nube de polvo; me he sentado tranquilamente a la orilla de un pantano mientras un sinfín de especies de aves chapoteaban, revoloteaban, planeaban y cantaban a mi alrededor. Todas son hermosas y todas desempeñan un papel esencial en la creación y la protección del mundo natural. Cada una de ellas es un regalo de valor incalculable. No hay que menospreciar a ninguna.

Tengo la esperanza de que este libro despierte una admiración parecida en todos los que lo lean y contemplen las hermosas imágenes de Stephen Walton. Y espero que ser conscientes de que, igual que nosotros, los animales sienten satisfacción y tristeza, protegen a sus crías y unas veces son valientes y otras tienen miedo garantice que, cuando nos pongamos a contarlos, no lo hagamos con pesar, sino con optimismo y alegría.

Virginia McKenna

Un león

se tumba y vigila el ir y venir de su manada.

Mientras admira la sabana dorada, algo le llama la atención…

La hierba se ha movido. ¿Se acercará un aspirante al trono?

Tensa los músculos, echa hacia atrás la enorme cabeza

y se dispone a rugir…, pero no es más que una leona,

que vuelve con una presa.

Se tumba de nuevo a contemplar la inmensidad.

¿Quién sabe lo que ha visto?

Un rey.

Un león.

Dos gorilas

respiran el mismo aire.
Al nacer, el hijo era una cosita diminuta de dos kilos: pelo, huesos y poco más.
Por eso la madre no se aparta de él.
Durante dos o tres años se abrazan el uno a la otra,
como una sola criatura, mientras él crece cada vez más.
Después, cuando ya trepe solo a los árboles,
puede que se olvide de que una vez fueron
dos en uno.
Dos gorilas.

Tres jirafas

levantan la cabeza hacia el cielo,

arrancan hojas de los árboles y las mastican,

de arriba abajo, de un lado a otro,

hora tras hora.

Estos gigantes estampados, por lo general pacíficos,

pasean constantemente sin rumbo,

inspeccionando las praderas en silencio.

Tres paseantes.

Tres jirafas.

Cuatro tigres

descansan a la sombra de las ramas.

La madre levanta esa magnífica cabeza.

Es una guerrera de la selva, con fuertes músculos,

un destello de fuego y noche que aniquila a sus presas.

Pero ahora ha sido madre y haría lo que fuera

por los cachorros que maúllan en voz baja a su lado.

¿Sabe que quedan poquísimos?

¿Qué futuro tienen

estos cuatro luchadores?

Cuatro tigres.

Cinco elefantes

recorren los senderos polvorientos del recuerdo.
Desde el día en que nacen, las crías andan,
andan hasta hacerse mayores y siguen andando,
siguen los senderos que recorrieron sus madres,
que siguieron los senderos recorridos por muchas madres antes que ellas.
Cruzan vastas superficies en una búsqueda incesante de alimento y agua…
Un viaje interminable para estos
cinco viajeros.
Cinco elefantes.

Seis lobos etíopes

se reúnen en la espléndida azotea de África.

Hay tiempo para un combate amistoso antes de empezar el trabajo:

un duro recorrido de diez kilómetros por sus tierras

y, en solitario, innumerables persecuciones de ratas.

Luego descansarán hocico con hocico, oirán y verán como un solo,

sin saber que este escarpado mundo rocoso

es el único hogar de su especie.

Seis miembros de una manada.

Seis lobos.

Siete pingüinos

parpadean cuando estalla la tormenta.

Pronto el cielo se pondrá denso, blanco,

la nieve se acumulará donde pueda

(en los picos, en las patas y en las cabezas negras como el carbón),

así que hoy no podrán deslizarse hasta el mar azul

a por sabrosos peces.

Una vez más, se enfrentan al Antártico

estos siete supervivientes.

Siete pingüinos.

Ocho tortugas

han cruzado el mar en un viaje
de regreso a su lugar de nacimiento.
En el agua es donde mejor se mueven,
pero pronto sus aletas se enfrentarán a la densa arena
para avanzar penosamente
hasta poner sus preciosos huevos.
Después darán media vuelta (como si respondieran
a una llamada ancestral) y cruzarán el mar de nuevo.
Un viaje muy normal para estas ocho viajeras.
Ocho tortugas.

Nueve guacamayos

se posan, bien rectos, y comentan la jornada.

Con distintos graznidos cuentan el qué, el quién y el dónde,

mientras las gruesas garras sostienen duras semillas que abren con el pico.

Parecen estar siempre erguidos, con las elegantes colas hacia el suelo,

pero, de repente, algo los sobresalta

y su aleteo produce un remolino dorado.

Al instante han desaparecido, porque son

nueve maestros voladores.

Nueve guacamayos.

Diez cebras

saben que pastar da mucha sed.

Se acercan a la balsa una al lado de la otra y beben un buen rato,

con los oídos bien abiertos y los ojos siempre atentos,

porque el agua es la reina de los alimentos, la esencia de la vida,

y hay quien merodea por sus orillas.

Muchas veces, mientras bebían, las ha sorprendido

el salto de un felino o el gruñido de una hiena,

pero hoy nada interrumpe la calma de estas

diez figuras sedientas.

Diez cebras.

Los animales

Un león
Categoría de protección: *vulnerable*

El majestuoso león africano es todo un símbolo de fuerza y poder. El número de leones ha disminuido drásticamente en los últimos cincuenta años debido a que los seres humanos ocupan en la actualidad grandes extensiones de praderas en las que antes vivían estos felinos. Los leones que habitan cerca de zonas de actividad humana suelen tener la tentación de alimentarse de ganado, lo que provoca conflictos con la gente. De cada tres leones que había en libertad en los años sesenta, hoy solo queda uno.

Los leones son los más sociables de todos los grandes felinos: viven en manadas cuyo tamaño va de los cuatro a los trece individuos. A veces, un solo macho reina en la manada, pero en total puede haber dos, tres o cuatro cabecillas. Los machos protegen a los demás, marcan su territorio y espantan a los animales que se acercan demasiado, mientras que las hembras atrapan presas como, por ejemplo, antílopes, ñus y cebras. El fruto de la caza se comparte entre toda la manada (¡a veces con alguna riña de por medio!).

Dos gorilas
Categoría de protección: *en peligro de extinción*

Los gorilas de montaña viven en densas selvas tropicales en las cumbres del África central y su dieta consiste en raíces, brotes, corteza de árbol y fruta. Los más jóvenes dependen del cuidado de su madre durante los tres primeros años de vida, y con frecuencia se quedan con ella muchos más. El gorila es uno de nuestros parientes vivos más cercanos y hace gala de conductas que podrían considerarse «humanas»: ríe, juega y, en ocasiones, utiliza herramientas.

Se calcula que quedan menos de novecientos gorilas de montaña en libertad, en una zona limitada formada por Ruanda, Uganda y la República Democrática del Congo. Los gorilas son cada vez menos porque las selvas en las que viven van desapareciendo a medida que la presencia de seres humanos aumenta y se adentra cada vez más en su territorio. Sin embargo, gracias a las medidas conservacionistas de los últimos años, en la actualidad la cantidad de gorilas de montaña se está recuperando.

Tres jirafas
Categoría de protección: *preocupación menor*

La jirafa es el mamífero más alto del mundo, ya que puede alcanzar los seis metros. Su largo cuello le permite alimentarse de hojas de las copas de los árboles, que la mayoría de los animales no alcanza: con la lengua (que mide más de cincuenta centímetros) arranca los pedacitos más sabrosos. Estas inconfundibles criaturas de piel estampada recorren las praderas en grupo en busca de comida. Por lo general, son pacíficas, pero a veces los machos se pelean por una hembra y puede que alguno acabe herido.

La mayoría de las jirafas no corre peligro de extinción, pero algunas especies sí; por ejemplo, la de Rothschild, también llamada «jirafa de Baringo». Los seres humanos las cazan por su piel y su carne, y su hábitat va disminuyendo a medida que crecen los asentamientos y se desmonta la tierra para dedicarla a la ganadería o la agricultura. También están amenazadas por las enfermedades, las guerras civiles y los disturbios. Se calcula que la población de jirafas de África se ha reducido casi a la mitad desde 1999.

Cuatro tigres
Categoría de protección: *en peligro de extinción*

Los tigres son los miembros de mayor tamaño de la familia de los felinos. Las hembras pueden parir entre dos y seis cachorros que se quedan con su madre durante un par de años antes de independizarse y empezar a cazar por su cuenta. Durante ese tiempo aprenden técnicas de supervivencia esenciales, entre ellas cómo matar a las presas.

Durante los últimos veinticinco años, la población de tigres se ha reducido a la mitad. La caza, la deforestación (por culpa de la tala, la agricultura, la ganadería y los asentamientos humanos), la caza furtiva y los conflictos con los seres humanos han contribuido a ese declive, hasta el punto de que hoy quedan menos de cuatro mil ejemplares. Al ser depredadores situados en lo alto de la cadena alimentaria, los tigres son una especie fundamental, ya que mantienen a raya el número de herbívoros. Sin ellos, habría cada vez más herbívoros de gran tamaño, lo que afectaría negativamente a las formaciones vegetales y, en consecuencia, trastocaría un ecosistema delicado.

Cinco elefantes
Categoría de protección: *vulnerables*

El elefante africano es el mamífero terrestre de mayor tamaño, ya que puede llegar a pesar seis mil kilos, el equivalente aproximado de cuatro coches. Las hembras viven en comunidades familiares, o manadas, mientras que los machos tienden a vagar solos o a formar grupos reducidos con otros machos. En una comunidad femenina, la matriarca (es decir, la elefanta de más edad y más experiencia) hace uso de sus amplios conocimientos y de su buena memoria para conducir a las demás hasta donde hay comida y agua.

Aunque los elefantes no tienen la categoría de especie en peligro de extinción, es cierto que en los últimos cien años se han cazado en enormes cantidades. Se calcula que en la década de los ochenta se mataba a cien mil ejemplares anuales para quitarles los colmillos. Si bien hoy las poblaciones de elefantes de determinadas partes de África están estabilizadas, y algunas incluso crecen, en otras zonas esta especie sigue estando amenazada por la caza furtiva y la pérdida de su hábitat a medida que crecen los asentamientos humanos.

Seis lobos etíopes
Categoría de protección: *en peligro de extinción*

Los lobos etíopes son los únicos de África. Como muchas otras especies de lobo, viven en manadas jerárquicas que suelen contar con seis individuos, pero puede haber de tres a dieciocho, con un macho alfa y una hembra alfa. La manada se reúne para marcar el territorio al empezar y acabar la jornada, pero los lobos etíopes, que se alimentan sobre todo de roedores como la rata topo gigante, tienen la particularidad de que cazan solos. Durante la temporada de reproducción, una hembra alfa puede llegar a parir a siete cachorros. El lobo etíope, cuya población en libertad no alcanza los quinientos ejemplares, es uno de los carnívoros más amenazados del mundo (de hecho, es un animal tres veces menos común que el panda gigante). Gran parte de su territorio en Etiopía, de donde es originario, ha quedado inhabitable debido al crecimiento de la población humana. También tiene otros problemas como las enfermedades, entre ellas la rabia, y la hibridación con el perro doméstico. En la actualidad, la ley etíope protege a esta hermosa criatura.

Siete pingüinos
Categoría de protección: *casi amenazados*

Los pingüinos emperador, que viven en la Antártida, son los únicos pingüinos que procrean en invierno. Tras poner un solo huevo, la hembra emprende un viaje de dos meses (destinado a alimentarse bien y a almacenar comida para su hijo) en el que puede llegar a recorrer ciento veinte kilómetros para llegar al mar. El macho se queda atrás para cubrir el huevo con una bolsa y mantenerlo caliente. Al empezar el verano, los emperadores y sus crías viajan hasta el mar para pasar el verano comiendo.

Aunque esta especie no está en peligro de extinción, la mitad de los ejemplares vive en la península antártica, donde el hielo marino está desapareciendo por culpa del calentamiento del planeta, lo que afecta al suministro de una de sus principales fuentes de alimentación: el camarón antártico o kril, un crustáceo diminuto que come algas que crecen en ese hielo. La pesca industrial también contribuye a la disminución del camarón antártico. En consecuencia, los científicos calculan que la cantidad de pingüinos emperador podría reducirse en una tercera parte antes del año 2100.

Ocho tortugas
Categoría de protección: *en peligro de extinción*

La tortuga boba es la mayor de todas las tortugas de caparazón duro y se caracteriza por tener una gran cabeza con mandíbulas fuertes y potentes. Se trata de una especie migratoria que sigue las grandes corrientes, como la del Golfo. Las hembras recorren miles de kilómetros, a menudo océanos enteros, hasta encontrar un lugar en la costa donde poner sus huevos, una vez cada dos, tres o cuatro años. Las tortugas nadan en nuestros mares desde hace sesenta y cinco millones de años (por lo que fueron testigos de la época de los dinosaurios) y desempeñan un papel fundamental en los ecosistemas marinos.

Todos los años, cientos de miles de tortugas marinas quedan atrapadas por accidente en redes de pesca o anzuelos, algo a lo que las bobas son especialmente vulnerables debido a sus hábitos migratorios. Por eso, y a pesar de que existen grandes cantidades de ejemplares en libertad, se considera una especie en peligro de extinción desde 1978. La tortuga boba también está amenazada por la perdida de hábitat, en especial en el territorio donde ponen los huevos, la playa, ya que cada vez se construye más en las costas.

Nueve guacamayos
Categoría de protección: *preocupación menor*

Los guacamayos, animales muy inteligentes, como la especie azul y amarilla reproducida en la ilustración, se organizan en bandadas cuyos miembros duermen juntos en los árboles por la noche y recorren largas distancias aéreas durante el día para alimentarse de fruta, frutos secos e insectos. Para comunicarse e identificar a los distintos individuos de la bandada emplean estridentes llamadas. Los guacamayos suelen tener una misma pareja toda la vida, con la que entablan una estrecha relación, comparten comida y se limpian el plumaje.

De las diecinueve especies de guacamayo, una está extinguida, tres en grave peligro de extinción, y tres más en peligro de extinción, otras tres son vulnerables y una está casi amenazada. Eso sí, el azul y amarillo de la ilustración tiene la categoría de preocupación menor. A los guacamayos los capturan para venderlos ilegalmente como animales domésticos; también sufren la amenaza de la pérdida de su hábitat selvático.

Diez cebras
Categoría de protección: *preocupación menor*

En esta imagen vemos cebras de Burchell, una subespecie de la cebra de la sabana, la más común. Se trata de animales sociables que viven en pequeños grupos familiares: un macho, varias hembras y sus crías. Van juntas a pastar y a beber en balsas de agua, y se defienden unas a otras en caso de que las ataque un león, un guepardo, una hiena o un cocodrilo. Cada cebra tiene un pelaje rayado distinto del de las demás.

    La cebra de la sabana vive en un territorio que va de las praderas del África oriental a los bosques del África meridional. No está en peligro de extinción, pero sí amenazada por la caza excesiva y la pérdida de hábitat a medida que las poblaciones humanas se extienden y se hacen con más tierras para construir viviendas y carreteras. Otras cebras sufren amenazas más graves; por ejemplo, se cree que solo quedan unas dos mil setecientas cebras de Grévy en Kenia y Etiopía, de modo que esa especie sí que se considera que está en peligro de extinción.

Los creadores

KATIE COTTON estudió Inglés en la Universidad de Oxford y trabajó en la educación antes de empezar a escribir y editar libros infantiles ilustrados. Vive en Londres.

STEPHEN WALTON, artista autodidacta que ha recibido varios premios, trabaja de supervisor en el Bury Art Museum de Mánchester (Inglaterra). Su visión del arte ha evolucionado gracias a sus experiencias en ese centro, del que es el fotógrafo habitual: «Mi obra se ha desarrollado en paralelo a mi pasión por la fotografía, lo que se refleja en mi método de trabajo: cuando salgo, hago fotos; cuando vuelvo a casa, dibujo a partir de ellas, aunque también a partir de otras tomadas por distintas personas. Tardo mucho tiempo en terminar una ilustración. Sigo encontrando nuevas formas de explotar el potencial del carboncillo y desarrollar mi estilo, y, aunque me gusta trabajar en color, siempre acabo volviendo al carboncillo para descubrir qué más puede conseguirse con esa técnica».

VIRGINIA MCKENNA, miembro de la Orden del Imperio Británico, creó en 1984 la organización benéfica Zoo Check, dedicada a la protección de la fauna internacional, junto con su marido y su hijo mayor, tras la muerte prematura de Pole Pole, un elefante al que había conocido durante el rodaje del documental *An Elephant Called Slowly*, y que posteriormente el Gobierno de Kenia había regalado al Zoo de Londres. Zoo Check acabaría convirtiéndose en la Born Free Foundation. Antes de implicarse en la conservación y el bienestar de los animales, Virginia McKenna fue actriz. Su papel más conocido es el de Joy Adamson en la película *Nacida libre* (1966), que protagonizó con su marido, el fallecido Bill Travers. Virginia McKenna es autora de numerosos libros y da conferencias con asiduidad, ha viajado mucho y sigue acompañando a grandes felinos rescatados hasta los refugios de la Born Free de la India y Sudáfrica. Vive en la zona de las colinas de Surrey (Inglaterra).

Tras unos comienzos modestos, la Born Free Foundation ha llegado a ser una gran fuerza en defensa de los animales que actúa en todo el mundo para salvar vidas, frenar el sufrimiento y proteger a especies en peligro de extinción que viven en libertad. Sus equipos de emergencia rescatan de condiciones espantosas a animales vulnerables que malviven en zoos, para dedicarles atenciones para siempre en espaciosos refugios. La Born Free también lleva a cabo importantes proyectos internacionales dedicados a la protección de leones, elefantes, gorilas, chimpancés, tigres, osos polares, lobos, delfines, tortugas, tiburones y muchos animales más, en colaboración con comunidades locales, para encontrar soluciones que permitan a la gente y a los animales convivir. En toda su labor, la Born Free Foundation se compromete con la prevención del sufrimiento de criaturas individuales y con el mantenimiento de los animales en libertad.

Notas y lecturas complementarias

La autora, el ilustrador y los editores quieren dar las gracias a **The Ethiopian Wolf Project** por su amable colaboración al ofrecer información y fotografías del lobo etíope, un animal poco común. Lideraron su proyecto dos fotógrafos que pasaron cinco semanas de acampada en el macizo Etíope para documentar la historia de esta hermosa especie con la esperanza de dar a conocer sus dificultades a un público más amplio y reunir apoyos para iniciativas de conservación ya en curso.

www.ethiopianwolfproject.com

Si te interesa descubrir más cosas sobre los animales y acerca de las amenazas que sufren sus distintos hábitats, estas organizaciones pueden resultarte útiles:

wwf.org.uk
nationalgeographic.com.es
animaldiversity.org

La categoría de las distintas especies de este libro es la asignada por la **Unión Internacional Para La Conservación De La Naturaleza (IUCN)**, que lleva cincuenta años trabajando para poner de relieve cuáles son las especies en peligro de extinción y promover su conservación.

iucnredlist.org

LEÓN AFRICANO: vulnerable. Bauer, H.; Nowell, K.; Packer, C. (2012). *Panthera leo. The IUCN Red List of Threatened Species. Version 2014.3.* <www.iucnredlist.org>. Descargado el 13 de abril de 2015.

GORILA DE MONTAÑA: en peligro de extinción. Robbins, M.; Williamson, L. (2008). *Gorilla beringei. The IUCN Red List of Threatened Species. Version 2014.3.* <www.iucnredlist.org>. Descargado el 13 de abril de 2015.

JIRAFA: preocupación menor. Fennessy, J.; Brown, D. (2010). *Giraffa camelopardalis. The IUCN Red List of Threatened Species. Version 2014.3.* <www.iucnredlist.org>. Descargado el 13 de abril de 2015.

TIGRE: en peligro de extinción. Chundawat, R. S.; Habib, B.; Karanth, U.; Kawanishi, K.; Ahmad Khan, J.; Lynam, T.; Miquelle, D.; Nyhus, P.; Sunarto, S.; Tilson, R.; Sonam Wang (2011). *Panthera tigris. The IUCN Red List of Threatened Species. Version 2014.3.* <www.iucnredlist.org>. Descargado el 13 de abril de 2015.

ELEFANTE AFRICANO: vulnerable. Blanc, J. (2008). *Loxodonta africana. The IUCN Red List of Threatened Species. Version 2014.3.* <www.iucnredlist.org>. Descargado el 13 de abril de 2015.

LOBO ETÍOPE: en peligro de extinción. Marino, J.; Sillero-Zubiri, C. (2013). *Canis simensis. The IUCN Red List of Threatened Species. Version 2014.3.* <www.iucnredlist.org>. Descargado el 13 de abril de 2015.

PINGÜINO EMPERADOR: casi amenazado. BirdLife International (2012). *Aptenodytes forsteri. The IUCN Red List of Threatened Species. Version 2014.3.* <www.iucnredlist.org>Descargado el 13 de abril de 2015.

TORTUGA BOBA: en peligro de extinción. Marine Turtle Specialist Group (1996). *Caretta caretta. The IUCN Red List of Threatened Species. Version 2014.3.* <www.iucnredlist.org>. Descargado el 13 de abril de 2015.

GUACAMAYO AZUL Y AMARILLO: preocupación menor. BirdLife International (2012). *Ara ararauna. The IUCN Red List of Threatened Species. Version 2014.3.* <www.iucnredlist.org>. Descargado el 13 de abril de 2015.

CEBRA DE LA SABANA: preocupación menor. Hack, M. A; Lorenzen, E. (2008). *Equus quagga. The IUCN Red List of Threatened Species. Version 2014.3.* <www.iucnredlist.org>. Descargado el 13 de abril de 2015.